The Little Bird Searching for Its Song and Other Stories: Simple Bilingual French-English Short Stories For Beginner French Language Learners

Coledown Bilingual Books

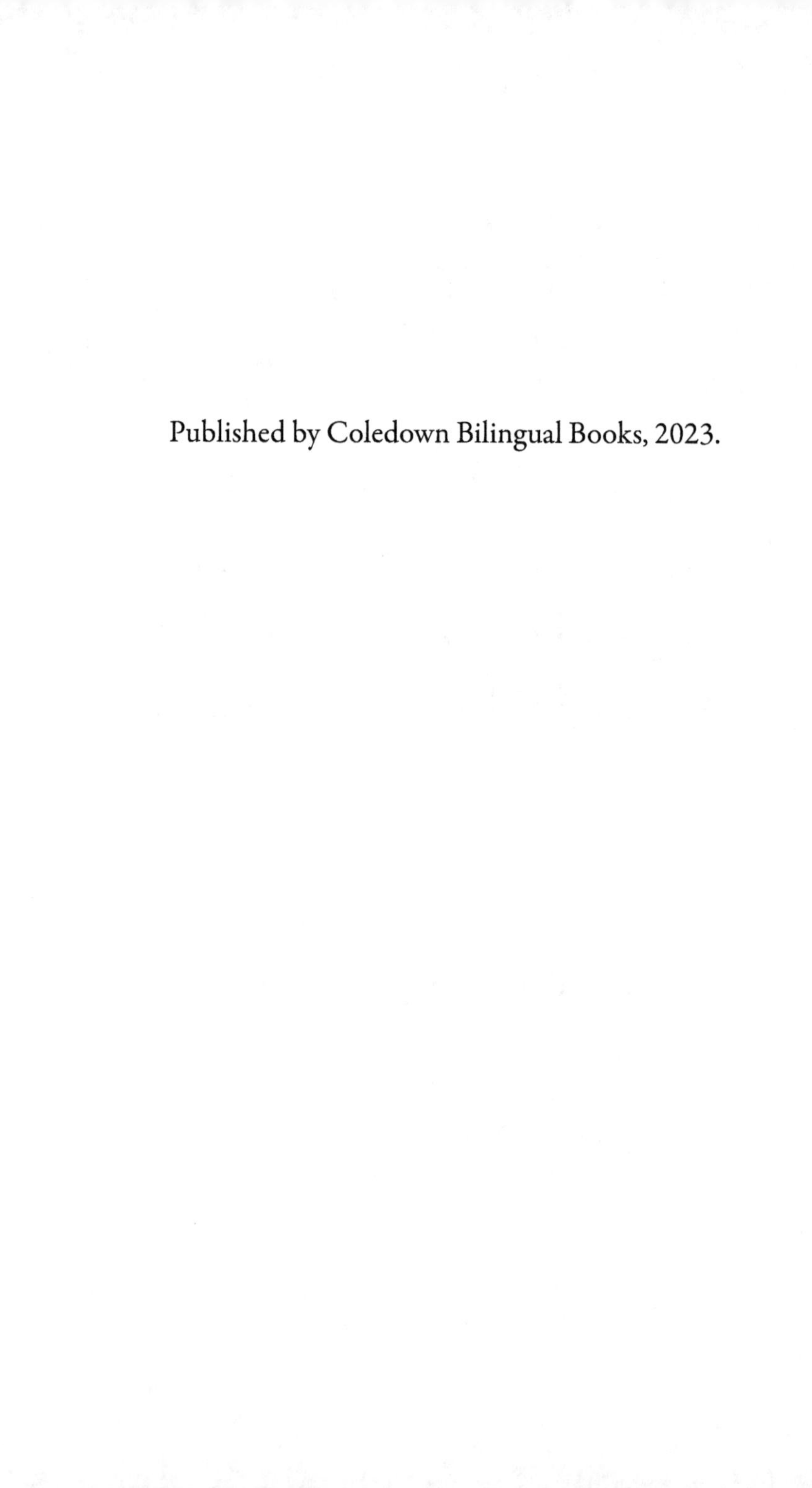

Published by Coledown Bilingual Books, 2023.

While every precaution has been taken in the preparation of this book, the publisher assumes no responsibility for errors or omissions, or for damages resulting from the use of the information contained herein.

THE LITTLE BIRD SEARCHING FOR ITS SONG AND OTHER STORIES: SIMPLE BILINGUAL FRENCH-ENGLISH SHORT STORIES FOR BEGINNER FRENCH LANGUAGE LEARNERS

First edition. October 14, 2023.

ISBN: 979-8223498780

Written by Coledown Bilingual Books.

Table of Contents

La Surprise d'Anniversaire

Il était une fois, dans un petit village, un garçon nommé Pierre. Pierre était un garçon gentil et heureux. Aujourd'hui était un jour spécial pour Pierre, car c'était son anniversaire. Pierre avait six ans. Il était très excité.

Pierre vivait avec sa maman, son papa et son chien, Max. Sa maman avait préparé une surprise spéciale pour lui. Le matin, elle lui a dit : "Joyeux anniversaire, Pierre ! Nous avons une surprise pour toi."

Pierre a souri et a demandé : "Quelle est la surprise, maman ?"

Sa maman a répondu : "C'est une surprise. Tu devras attendre jusqu'à ce soir."

Pierre était curieux, mais il a accepté d'attendre. Il est allé à l'école comme d'habitude, en pensant à la surprise.

À l'école, Pierre a raconté à ses amis que c'était son anniversaire. Ses amis étaient heureux pour lui. Pierre a dit à ses amis qu'il aurait une surprise ce soir, mais il ne savait pas ce que c'était.

L'après-midi à l'école, Pierre a appris beaucoup de choses. Il aimait l'école. Il aimait aussi jouer avec ses amis pendant la récréation. Après l'école, il est rentré à la maison avec son ami Lucas.

Pierre et Lucas jouaient dans le jardin. Lucas a demandé : "Pierre, qu'est-ce que ta maman te prépare comme surprise ?"

Pierre a répondu : "Je ne sais pas, Lucas. Elle a dit que c'était une surprise spéciale."

Lucas a dit : "J'espère que c'est quelque chose de super !"

Le soir est enfin arrivé. Pierre était assis à la table avec sa famille. Il y avait un gâteau au chocolat sur la table. Pierre aimait beaucoup le gâteau au chocolat.

Pierre a soufflé les bougies du gâteau et sa famille a chanté "Joyeux anniversaire". Ensuite, sa maman a dit : "Pierre, il est temps pour ta surprise."

Pierre était très excité. Sa maman lui a donné une boîte cadeau. Pierre a ouvert la boîte. À l'intérieur, il y avait un jouet. C'était une voiture rouge, la voiture de ses rêves.

Pierre était si heureux. Il a dit : "C'est la meilleure surprise jamais !"

Il a pris la voiture et a commencé à la faire rouler sur le sol. Max, le chien, courait après la voiture. Tout le monde riait.

Pierre a remercié sa maman et son papa pour le cadeau. Il les a serrés dans ses bras. C'était le meilleur anniversaire de sa vie.

Les jours suivants, Pierre a joué avec sa nouvelle voiture rouge tous les jours. Il aimait la montrer à ses amis. Ils étaient tous impressionnés.

Pierre était reconnaissant pour sa famille. Il savait qu'il était un garçon chanceux. Il aimait sa voiture rouge, mais il aimait encore plus sa famille.

Et ainsi, l'anniversaire de Pierre s'est terminé, mais il garderait toujours en mémoire la surprise spéciale et le bonheur qu'il avait ressenti ce jour-là.

The Birthday Surprise

Once upon a time, in a small village, there was a boy named Pierre. Pierre was a kind and happy boy. Today was a special day for Pierre because it was his birthday. Pierre was six years old, and he was very excited.

Pierre lived with his mom, dad, and his dog, Max. His mom had prepared a special surprise for him. In the morning, she said, "Happy birthday, Pierre! We have a surprise for you."

Pierre smiled and asked, "What's the surprise, Mom?"

His mom replied, "It's a surprise. You'll have to wait until this evening."

Pierre was curious, but he agreed to wait. He went to school as usual, thinking about the surprise.

At school, Pierre told his friends that it was his birthday. His friends were happy for him. Pierre told his friends that he would have a surprise tonight, but he didn't know what it was.

In the afternoon at school, Pierre learned a lot of things. He liked school. He also liked playing with his friends during recess. After school, he went home with his friend Lucas.

Pierre and Lucas played in the garden. Lucas asked, "Pierre, what is your mom preparing as a surprise for you?"

Pierre replied, "I don't know, Lucas. She said it's a special surprise."

Lucas said, "I hope it's something super!"

The evening finally arrived. Pierre was sitting at the table with his family. There was a chocolate cake on the table. Pierre really liked chocolate cake.

Pierre blew out the candles on the cake, and his family sang "Happy Birthday." Then, his mom said, "Pierre, it's time for your surprise."

Pierre was very excited. His mom gave him a gift box. Pierre opened the box, and inside, there was a toy. It was a red car, the car of his dreams.

Pierre was so happy. He said, "This is the best surprise ever!"

He took the car and started rolling it on the floor. Max, the dog, chased after the car. Everyone was laughing.

Pierre thanked his mom and dad for the gift. He hugged them. It was the best birthday of his life.

In the following days, Pierre played with his new red car every day. He loved showing it to his friends. They were all impressed.

Pierre was grateful for his family. He knew he was a lucky boy. He loved his red car, but he loved his family even more.

And so, Pierre's birthday came to an end, but he would always remember the special surprise and the happiness he felt on that day.

Une Journée à la Plage

Il était une fois une belle journée ensoleillée. Jean, un garçon de sept ans, se réveilla tôt avec un grand sourire. Il était excité parce que sa famille avait prévu une journée à la plage. Il se leva rapidement et courut dans la cuisine pour prendre son petit déjeuner.

"Bonjour, Jean," dit sa maman en préparant des sandwiches pour la plage. "Es-tu prêt pour notre journée à la plage ?"

Jean hocha la tête en mangeant son bol de céréales. Il aimait la plage plus que tout. La mer, le sable, les coquillages, tout était si amusant.

Après le petit déjeuner, la famille de Jean chargea leur voiture de toutes les choses nécessaires pour une journée à la plage. Ils avaient des serviettes, des maillots de bain, un parasol, et bien sûr, un seau et une pelle pour Jean.

Enfin, ils arrivèrent à la plage. Jean était tellement heureux de voir le sable doré et d'entendre les vagues de la mer. Il se précipita vers l'eau et trempa ses pieds.

"La mer est si rafraîchissante !" s'écria Jean.

Il construisit un château de sable avec l'aide de son papa. Le château avait des tours et des douves, et Jean était fier de son chef-d'œuvre.

Après avoir joué dans le sable pendant un moment, Jean décida d'explorer la plage pour trouver des coquillages. Il en trouva de toutes les formes et de toutes les couleurs. Il les ramassa dans son seau.

"Regarde, maman ! J'ai trouvé tellement de coquillages !" cria Jean.

Sa maman sourit et dit : "Ils sont magnifiques, Jean. Nous les emporterons à la maison comme souvenir de notre journée à la plage."

Ensuite, Jean et sa famille décidèrent de pique-niquer. Ils s'assirent sous le parasol et dégustèrent leurs sandwiches, des fruits et des biscuits. C'était délicieux.

Après le pique-nique, Jean décida de nager dans la mer. Il portait son maillot de bain et s'amusa à sauter par-dessus les vagues. Il se sentait comme un vrai poisson dans l'eau.

Pendant ce temps, sa maman et son papa se détendirent sur leurs serviettes et discutèrent. Ils aimaient regarder Jean s'amuser.

Après une longue baignade, Jean retourna au château de sable. Il voulait ajouter plus de détails à son château, alors il utilisa ses coquillages pour décorer les tours. C'était maintenant le château le plus beau de la plage.

La journée à la plage passa si vite. Le soleil commença à se coucher, peignant le ciel de magnifiques couleurs oranges et roses.

"Jean, il est temps de partir," appela sa maman.

Jean était un peu triste de quitter la plage, mais il savait qu'il reviendrait un autre jour. Il se rhabilla, prit ses coquillages et son seau, puis dit au revoir à la plage.

Sur le chemin du retour, Jean était fatigué mais heureux. Il se blottit dans son siège de voiture et regarda les étoiles dans le ciel nocturne.

Lorsqu'ils arrivèrent à la maison, Jean se précipita pour montrer ses coquillages à son petit frère. Il était fier de sa collection.

"Regarde, petit frère, voici tous les coquillages que j'ai trouvés à la plage aujourd'hui," dit Jean avec un grand sourire.

Son petit frère sourit et dit : "Ils sont si jolis, Jean. Je veux aller à la plage aussi !"

Jean rit et dit : "La prochaine fois, tu viendras avec nous à la plage, d'accord ?"

C'était une journée inoubliable à la plage pour Jean et sa famille. Ils savaient que la plage était un endroit spécial où ils créaient de beaux souvenirs ensemble. Jean se coucha ce soir-là avec un grand sourire, rêvant de la prochaine fois où il retournerait à la plage.

A Day at the Beach

Once upon a time, on a beautiful sunny day, Jean, a seven-year-old boy, woke up early with a big smile. He was excited because his family had planned a day at the beach. He quickly got up and rushed to the kitchen for breakfast.

"Good morning, Jean," said his mom while preparing sandwiches for the beach. "Are you ready for our day at the beach?"

Jean nodded as he ate his bowl of cereal. He loved the beach more than anything. The sea, the sand, the seashells, everything was so much fun.

After breakfast, Jean's family loaded their car with all the necessary things for a day at the beach. They had towels, swimsuits, an umbrella, and of course, a bucket and a shovel for Jean.

Finally, they arrived at the beach. Jean was so happy to see the golden sand and hear the waves of the sea. He rushed to the water and dipped his feet in.

"The sea is so refreshing!" exclaimed Jean.

He built a sandcastle with his dad's help. The castle had towers and moats, and Jean was proud of his masterpiece.

After playing in the sand for a while, Jean decided to explore the beach to find seashells. He found seashells of all shapes and colors. He picked them up in his bucket.

"Look, Mom! I found so many seashells!" Jean shouted.

His mom smiled and said, "They're beautiful, Jean. We'll take them home as a souvenir of our day at the beach."

Then, Jean and his family decided to have a picnic. They sat under the umbrella and enjoyed their sandwiches, fruits, and cookies. It was delicious.

After the picnic, Jean decided to swim in the sea. He wore his swimsuit and had fun jumping over the waves. He felt like a real fish in the water.

Meanwhile, his mom and dad relaxed on their towels and chatted. They loved watching Jean having fun.

After a long swim, Jean returned to the sandcastle. He wanted to add more details to his castle, so he used his seashells to decorate the towers. It was now the most beautiful castle on the beach.

The day at the beach passed so quickly. The sun started to set, painting the sky with beautiful orange and pink colors.

"Jean, it's time to go," called his mom.

Jean was a little sad to leave the beach, but he knew he would come back another day. He changed back into his clothes, took his seashells and his bucket, and said goodbye to the beach.

On the way back home, Jean was tired but happy. He snuggled into his car seat and looked at the stars in the night sky.

When they arrived home, Jean rushed to show his seashells to his younger brother. He was proud of his collection.

"Look, little brother, here are all the seashells I found at the beach today," said Jean with a big smile.

His little brother smiled and said, "They're so pretty, Jean. I want to go to the beach too!"

Jean laughed and said, "Next time, you'll come with us to the beach, okay?"

It was an unforgettable day at the beach for Jean and his family. They knew the beach was a special place where they created beautiful memories together. Jean went to bed that night with a big smile, dreaming of the next time he would return to the beach.

La Journée à la Ferme

Il était une fois une petite fille nommée Marie. Marie avait sept ans et vivait dans une petite ville. Elle aimait beaucoup les animaux, en particulier les chevaux. Marie avait toujours rêvé de passer une journée à la ferme pour voir les chevaux de près.

Un jour, ses parents lui ont annoncé une surprise. Sa maman a dit : "Marie, nous allons passer une journée à la ferme demain !"

Marie sauta de joie et dit : "Vraiment ? J'adore les animaux, et je veux tellement voir les chevaux !"

Le lendemain matin, la famille de Marie se leva tôt. Ils ont pris le chemin de la ferme. Marie était très excitée et ne pouvait pas arrêter de poser des questions sur les animaux.

Lorsqu'ils sont arrivés à la ferme, Marie a vu des vaches, des moutons et des poules. Mais ce qui la rendait le plus heureuse, c'était de voir les chevaux. Ils étaient grands et majestueux, et ils étaient dans un grand pré.

Marie s'approcha doucement des chevaux, et l'un d'eux s'approcha d'elle. Elle le caressa doucement et sourit. C'était un moment magique.

Le fermier, M. Dupont, approcha de Marie et dit : "Bonjour, jeune demoiselle. Tu sembles aimer les chevaux."

Marie hocha la tête avec enthousiasme et dit : "Oui, j'adore les chevaux. Ils sont si beaux !"

M. Dupont sourit et proposa à Marie de monter sur l'un des chevaux. Marie était un peu nerveuse, mais elle accepta. M. Dupont l'aida à monter sur le dos du cheval nommé Max.

Marie se sentit à la fois excitée et un peu effrayée, mais Max était un cheval doux. Elle se sentit en sécurité.

Marie fit un tour à dos de cheval autour de la ferme. Elle pouvait sentir le vent dans ses cheveux et entendre les sabots du cheval sur le sol. C'était une expérience incroyable.

Après la balade à cheval, Marie a aidé à nourrir les autres animaux de la ferme. Elle a donné du foin aux vaches et jeté des grains aux poules. Elle se sentait comme une véritable fermière.

Le déjeuner fut un pique-nique près de l'étang de la ferme. Marie s'assit sur une couverture et partagea un repas délicieux avec sa famille. Elle regardait les canards nager dans l'étang.

Après le déjeuner, M. Dupont montra à Marie comment brosser les chevaux. Elle a pris une brosse douce et a commencé à brosser le pelage de Max. Max semblait aimer ça, et il ferma les yeux de plaisir.

La journée à la ferme passa si rapidement. Marie avait appris tellement de choses sur les animaux et la vie à la ferme. Elle ne voulait pas partir, mais elle savait qu'elle pourrait revenir un autre jour.

En rentrant chez elle, Marie était fatiguée mais heureuse. Elle s'endormit cette nuit-là en rêvant de chevaux et de la ferme.

Le lendemain, elle se leva avec un grand sourire. Elle savait que la ferme était un endroit spécial, et elle espérait y retourner bientôt pour voir ses amis les chevaux.

A Day at the Farm

Once upon a time, there was a little girl named Marie. Marie was seven years old and lived in a small town. She loved animals, especially horses. Marie had always dreamed of spending a day at the farm to see the horses up close.

One day, her parents had a surprise for her. Her mom said, "Marie, we're going to spend a day at the farm tomorrow!"

Marie jumped for joy and said, "Really? I love animals, and I really want to see the horses!"

The next morning, Marie's family got up early. They headed to the farm. Marie was very excited and couldn't stop asking questions about the animals.

When they arrived at the farm, Marie saw cows, sheep, and chickens. But what made her the happiest was seeing the horses. They were tall and majestic, and they were in a large pasture.

Marie approached the horses gently, and one of them came closer to her. She petted it gently and smiled. It was a magical moment.

The farmer, Mr. Dupont, came up to Marie and said, "Hello, young lady. You seem to love horses."

Marie nodded enthusiastically and said, "Yes, I love horses. They are so beautiful!"

Mr. Dupont smiled and offered to let Marie ride one of the horses. Marie was a little nervous, but she agreed. Mr. Dupont helped her onto the back of a horse named Max.

Marie felt both excited and a little scared, but Max was a gentle horse. She felt safe.

Marie took a horseback ride around the farm. She could feel the wind in her hair and hear the horse's hooves on the ground. It was an incredible experience.

After the horseback ride, Marie helped feed the other farm animals. She gave hay to the cows and threw grains to the chickens. She felt like a real farmer.

Lunch was a picnic by the farm's pond. Marie sat on a blanket and shared a delicious meal with her family. She watched the ducks swim in the pond.

After lunch, Mr. Dupont showed Marie how to brush the horses. She took a soft brush and started brushing Max's coat. Max seemed to enjoy it and closed his eyes in pleasure.

The day at the farm passed so quickly. Marie had learned so much about animals and life on the farm. She didn't want to leave, but she knew she could come back another day.

On the way home, Marie was tired but happy. She fell asleep that night dreaming of horses and the farm.

The next day, she woke up with a big smile. She knew the farm was a special place, and she hoped to return soon to see her horse friends again.

Le Petit Chaton Aventurier

Il était une fois un petit chaton nommé Félix. Félix était un chaton curieux et aventureux. Il aimait explorer le monde qui l'entourait, en particulier le jardin derrière la maison où il vivait.

Un jour ensoleillé, alors que le soleil brillait dans le ciel, Félix décida de partir à l'aventure dans le jardin. Sa maman lui avait dit de rester près de la maison, mais Félix avait d'autres idées en tête.

Il se glissa sous la clôture du jardin et se retrouva dans la grande prairie voisine. Félix se sentait libre et excitait, mais il se rendit compte qu'il était loin de chez lui.

Il rencontra un papillon coloré qui dansait dans l'air. Le papillon semblait inviter Félix à le suivre. Félix, avec ses petites pattes, se mit à poursuivre le papillon à travers la prairie. Il sautait et courait, essayant de l'attraper, mais le papillon était bien plus rapide.

Après un moment, Félix était essoufflé. Il s'assit sous un grand arbre pour se reposer. Il regarda autour de lui et réalisa qu'il ne savait pas comment retourner à la maison. Il se sentit un peu perdu.

Heureusement, un gentil écureuil qui passait par là remarqua le petit chaton. L'écureuil s'approcha de Félix et lui demanda : "Es-tu perdu, petit chaton ?"

Félix hocha la tête et dit : "Oui, je ne sais pas comment retourner chez moi."

L'écureuil, avec un grand sourire, se proposa de guider Félix. Il connaissait bien la forêt et savait comment retourner à la maison de Félix.

Ils marchèrent ensemble à travers la prairie, puis dans la forêt. Félix était reconnaissant envers l'écureuil pour son aide. Ils discutèrent en chemin, et Félix apprit que l'écureuil s'appelait Noisette.

Finalement, Noisette et Félix arrivèrent à la lisière de la forêt, là où le jardin de Félix commençait. Félix était si heureux de voir sa maison. Il remercia chaleureusement Noisette pour son aide.

"Merci, Noisette ! Tu es vraiment un ami formidable," dit Félix.

Noisette sourit et répondit : "Ce fut un plaisir, Félix. Si jamais tu as besoin d'aide à nouveau, tu sais où me trouver."

Félix rentra chez lui, tout excité de raconter son aventure à sa maman. Elle était soulagée de le voir en sécurité et lui dit : "Félix, la prochaine fois, promets-moi de ne pas partir si loin tout seul."

Félix hocha la tête et répondit : "D'accord, maman, je promets."

Félix comprit qu'il pouvait avoir des aventures passionnantes, mais il savait aussi qu'il était important de ne pas s'éloigner trop loin de chez lui. Et chaque fois qu'il regardait le jardin, il se souvenait de son amitié avec Noisette, l'écureuil qui l'avait aidé ce jour-là.

The Adventurous Little Kitten

Once upon a time, there was a little kitten named Felix. Felix was a curious and adventurous kitten. He loved to explore the world around him, especially the garden behind the house where he lived.

One sunny day, as the sun was shining in the sky, Felix decided to embark on an adventure in the garden. His mom had told him to stay close to the house, but Felix had other ideas.

He slipped under the garden fence and found himself in the neighboring meadow. Felix felt free and excited, but he realized he was far from home.

He met a colorful butterfly dancing in the air. The butterfly seemed to invite Felix to follow it. With his little paws, Felix started to chase the butterfly across the meadow. He leaped and ran, trying to catch it, but the butterfly was much faster.

After a while, Felix was out of breath. He sat under a big tree to rest. He looked around and realized he didn't know how to get back home. He felt a little lost.

Fortunately, a kind squirrel passing by noticed the little kitten. The squirrel approached Felix and asked, "Are you lost, little kitten?"

Felix nodded and said, "Yes, I don't know how to get back home."

The squirrel, with a big smile, offered to guide Felix. He knew the forest well and knew the way back to Felix's house.

They walked together through the meadow, then into the forest. Felix was grateful to the squirrel for his help. They chatted along the way, and Felix learned that the squirrel's name was Hazelnut.

Finally, Hazelnut and Felix arrived at the edge of the forest, where Felix's garden began. Felix was so happy to see his home. He thanked Hazelnut warmly for his help.

"Thank you, Hazelnut! You are a truly great friend," said Felix.

Hazelnut smiled and replied, "It was my pleasure, Felix. If you ever need help again, you know where to find me."

Felix went back home, all excited to tell his mom about his adventure. She was relieved to see him safe and said, "Felix, next time, promise me not to wander so far all alone."

Felix nodded and said, "Okay, Mom, I promise."

Felix understood that he could have exciting adventures, but he also knew it was important not to stray too far from home. And every time he looked at the garden, he remembered his friendship with Hazelnut, the squirrel who had helped him that day.

Le Petit Oiseau qui cherchait son Chant

Il était une fois un petit oiseau nommé Léo. Léo était différent des autres oiseaux de la forêt. Alors que ses amis gazouillaient de magnifiques mélodies, Léo ne pouvait pas chanter. Il se sentait triste et seul.

Chaque matin, Léo regardait ses amis chanter joyeusement dans les arbres. Il rêvait de pouvoir les rejoindre et chanter avec eux. Mais chaque fois qu'il ouvrait son bec, il n'émettait qu'un son discordant.

Un jour, Léo décida de quitter la forêt pour trouver son chant. Il s'envola vers d'autres contrées, espérant trouver quelqu'un qui pourrait l'aider. Il rencontra des oiseaux de différentes espèces qui chantaient de manière unique, mais il ne parvenait toujours pas à chanter comme eux.

Après de nombreux voyages, Léo arriva dans un petit village. Il entendit de la musique provenant d'une vieille église. Il se posa sur le rebord de la fenêtre et écouta attentivement. La musique était belle et émouvante.

Léo décida de chercher de l'aide à l'intérieur de l'église. Il se glissa à travers une fenêtre entrouverte et atterrit sur le pupitre où se trouvait un vieil orgue. Un musicien, Monsieur Martin, était en train de jouer.

Léo écouta attentivement et se mit à siffler doucement. Monsieur Martin s'arrêta de jouer et regarda autour de lui. Il aperçut Léo sur le pupitre.

"Bonjour, petit oiseau," dit Monsieur Martin avec un sourire. "Tu sembles aimer la musique."

Léo hocha la tête et expliqua son problème à Monsieur Martin. Il lui dit qu'il avait perdu sa voix et ne pouvait pas chanter comme les autres oiseaux.

Monsieur Martin comprit la tristesse de Léo. Il dit : "Ne t'inquiète pas, petit ami. Tout le monde a une mélodie unique à l'intérieur de lui. Peut-être que la musique t'aidera à la trouver."

Il commença à jouer un air joyeux à l'orgue. Léo écouta attentivement et sentit quelque chose en lui remuer. Il commença à gazouiller timidement, essayant de suivre la mélodie.

Au fil du temps, Léo chanta de plus en plus fort et avec plus de confiance. Il réalisait que sa voix était différente, mais belle à sa manière. Il se sentit tellement heureux.

Monsieur Martin et Léo passèrent beaucoup de temps ensemble. Léo apprit à chanter en harmonie avec la musique de l'orgue. Il découvrit sa propre mélodie unique.

Lorsque Léo se sentit prêt, il remercia chaleureusement Monsieur Martin pour son aide. Il se rendit compte qu'il avait trouvé son chant, sa voix unique, grâce à la musique.

De retour dans la forêt, Léo surprit ses amis avec son chant magnifique. Ils l'acclamèrent et lui demandèrent comment il avait trouvé sa voix.

Léo sourit et dit : "J'ai appris que nous sommes tous spéciaux à notre manière. Il suffit de trouver sa propre mélodie et de la chanter avec tout son cœur."

Les autres oiseaux applaudirent Léo, et ils chantèrent ensemble, créant une harmonie magnifique et unique. La forêt résonnait de leur musique joyeuse.

Et ainsi, Léo, le petit oiseau, apprit que la différence était une force, et que la musique pouvait guider chacun vers sa propre mélodie spéciale.

The Little Bird Searching for Its Song

Once upon a time, there was a little bird named Leo. Leo was different from the other birds in the forest. While his friends chirped beautiful melodies, Leo couldn't sing. He felt sad and lonely.

Every morning, Leo watched his friends sing joyfully in the trees. He dreamt of joining them and singing along. However, every time he opened his beak, he could only produce a discordant sound.

One day, Leo decided to leave the forest in search of his song. He flew to other lands, hoping to find someone who could help him. He encountered birds of different species who sang in unique ways, but he still couldn't sing like them.

After many travels, Leo arrived in a small village. He heard music coming from an old church. He landed on the window ledge and listened attentively. The music was beautiful and moving.

Leo decided to seek help inside the church. He slipped through a partially open window and perched on the organ where an elderly musician, Mr. Martin, was playing.

Leo listened carefully and began to whistle softly. Mr. Martin stopped playing and looked around. He spotted Leo on the organ.

"Hello, little bird," Mr. Martin said with a smile. "You seem to love music."

Leo nodded and explained his problem to Mr. Martin. He told him that he had lost his voice and couldn't sing like the other birds.

Mr. Martin understood Leo's sadness. He said, "Don't worry, little friend. Everyone has a unique melody inside them. Perhaps music can help you find it."

He started playing a joyful tune on the organ. Leo listened attentively and felt something stirring within him. He began to chirp timidly, trying to follow the melody.

Over time, Leo sang louder and with more confidence. He realized that his voice was different but beautiful in its own way. He felt so happy.

Mr. Martin and Leo spent a lot of time together. Leo learned to sing in harmony with the organ music. He discovered his own unique melody.

When Leo felt ready, he warmly thanked Mr. Martin for his help. He realized that he had found his song, his unique voice, through music.

Back in the forest, Leo surprised his friends with his beautiful song. They cheered for him and asked how he had found his voice.

Leo smiled and said, "I learned that we are all special in our own way. You just have to find your own melody and sing it with all your heart."

The other birds applauded Leo, and they sang together, creating a beautiful and unique harmony. The forest echoed with their joyful music.

And so, Leo, the little bird, learned that being different was a strength, and that music could guide each one to their own special melody.

La Petite Fleur Courageuse

Il était une fois une petite fleur appelée Marguerite. Marguerite vivait dans un joli jardin parmi d'autres fleurs. Elle était une petite marguerite blanche avec des pétales délicats.

Toutes les fleurs du jardin étaient heureuses de se lever chaque matin sous les rayons chauds du soleil. Elles saluaient le monde avec des couleurs éclatantes et des parfums doux. Cependant, Marguerite était triste car elle ne ressemblait pas aux autres.

Marguerite se regardait dans le miroir de la mare et soupirait : "Pourquoi suis-je si différente ? Pourquoi mes pétales sont-ils simples et blancs, alors que les autres fleurs sont si belles et colorées ?"

Le vieux jardinier, M. Dupont, avait entendu les soucis de Marguerite. Il s'agenouilla près d'elle et dit : "Ne sois pas triste, Marguerite. Chaque fleur est spéciale à sa manière. Tu es unique, et ta simplicité a aussi sa beauté."

Marguerite sourit timidement. Elle décida de suivre les conseils du vieux jardinier et d'accepter sa simplicité.

Un matin, une terrible tempête s'abattit sur le jardin. Les vents violents et la pluie battante firent plier les autres fleurs aux pétales colorés. Marguerite, cependant, resta debout, résistante, avec ses pétales blancs.

Les autres fleurs admirèrent Marguerite. Elles lui dirent : "Marguerite, tu es la plus courageuse d'entre nous. Ta simplicité est ta force."

Marguerite comprit que sa simplicité était en réalité une qualité précieuse. Elle avait la capacité de résister aux tempêtes et de rester forte.

Les autres fleurs commencèrent à l'apprécier pour sa beauté naturelle et sa résilience. Marguerite n'était plus triste d'être différente. Elle se sentait fière d'être la petite fleur courageuse du jardin.

À partir de ce jour, Marguerite ne se préoccupa plus de sa simplicité. Elle embrassa sa différence et se réjouit de chaque nouveau lever de soleil. Elle était la petite fleur qui avait découvert la beauté de la simplicité et la force de la résilience.

Et ainsi, Marguerite vécut heureuse parmi ses amies les fleurs, partageant son histoire d'acceptation et de courage avec tous ceux qui croisaient son chemin. Elle était devenue un symbole de beauté naturelle et d'inspiration dans le jardin.

The Brave Little Flower

Once upon a time, there was a little flower named Daisy. Daisy lived in a lovely garden among other flowers. She was a small white daisy with delicate petals.

All the flowers in the garden were happy to wake up every morning under the warm rays of the sun. They greeted the world with vibrant colors and sweet fragrances. However, Daisy was sad because she didn't look like the others.

Daisy looked at herself in the pond's mirror and sighed, "Why am I so different? Why do my petals have to be plain and white when the other flowers are so beautiful and colorful?"

The old gardener, Mr. Dupont, had heard Daisy's worries. He knelt down next to her and said, "Don't be sad, Daisy. Every flower is special in its own way. You are unique, and your simplicity has its own beauty."

Daisy smiled shyly. She decided to follow the old gardener's advice and embrace her simplicity.

One morning, a terrible storm hit the garden. The fierce winds and pouring rain made the other flowers with their colorful petals bend and sway. Daisy, however, stood strong, with her white petals.

The other flowers admired Daisy. They told her, "Daisy, you are the bravest of us all. Your simplicity is your strength."

Daisy realized that her simplicity was, in fact, a precious quality. She had the ability to withstand storms and remain resilient.

The other flowers began to appreciate her for her natural beauty and resilience. Daisy was no longer sad about being different. She felt proud to be the little brave flower in the garden.

From that day on, Daisy no longer worried about her simplicity. She embraced her uniqueness and rejoiced in every new sunrise. She was the little flower who had discovered the beauty of simplicity and the power of resilience.

And so, Daisy lived happily among her flower friends, sharing her story of acceptance and bravery with all who crossed her path. She had become a symbol of natural beauty and inspiration in the garden.

L'Amitié Inattendue

Il était une fois dans une petite forêt, un lapin nommé Louis. Louis était un lapin curieux et aimait explorer les environs de sa maison. Chaque jour, il partait à l'aventure pour découvrir de nouvelles choses.

Un matin ensoleillé, Louis décida de suivre un sentier qu'il n'avait jamais exploré auparavant. Il sauta d'un buisson à l'autre, se rapprochant de la partie la plus profonde de la forêt. C'est là qu'il fit une découverte étonnante.

Alors qu'il se promenait, Louis entendit un bruit étrange venant d'un arbre. Il se rapprocha doucement et réalisa que le bruit provenait d'un petit oiseau tombé du nid. Le petit oiseau était effrayé et semblait perdu.

Louis, rempli de compassion, s'approcha du petit oiseau et lui dit : "Ne t'inquiète pas, je vais t'aider."

Le petit oiseau, prénommé Léo, regarda Louis avec méfiance. Il n'avait jamais rencontré de lapin auparavant. Cependant, il pouvait voir dans les yeux de Louis qu'il voulait vraiment aider.

Avec précaution, Louis a aidé Léo à retourner dans son nid. La mère de Léo, qui s'était inquiétée, arriva enfin et remercia chaleureusement Louis.

Depuis ce jour, Louis et Léo devinrent de grands amis. Ils passaient leurs journées à explorer la forêt ensemble. Louis montrait à Léo tous les endroits intéressants et les délices de la forêt, tandis que Léo chantait des chansons pour Louis, lui apportant une mélodie joyeuse.

Ils découvrirent que malgré leurs différences, ils partageaient une amitié exceptionnelle. Louis apprit beaucoup de choses sur les oiseaux, et Léo découvrit la beauté de la forêt à travers les yeux de Louis.

Les autres animaux de la forêt étaient étonnés de voir un lapin et un oiseau devenir amis, mais leur amitié était une leçon pour tous. Elle montrait que l'amitié pouvait naître dans les endroits les plus inattendus, et que la différence n'était pas un obstacle à l'amitié, mais plutôt une opportunité de grandir et d'apprendre.

Louis et Léo continuèrent à explorer la forêt ensemble, partageant leur amitié précieuse et leurs aventures inoubliables. Chaque jour était une nouvelle aventure, et chaque note de la chanson de Léo était une mélodie de bonheur pour Louis.

Et ainsi, leur amitié inattendue devint une légende dans la petite forêt, rappelant à tous que l'amitié pouvait transcender les différences et apporter la joie, la découverte et l'amour dans la vie de chacun.

The Unexpected Friendship

Once upon a time in a small forest, there was a rabbit named Louis. Louis was a curious rabbit who loved to explore the surroundings of his home. Every day, he ventured out to discover new things.

One sunny morning, Louis decided to follow a trail he had never explored before. He hopped from one bush to another, getting closer to the deepest part of the forest. That's where he made a surprising discovery.

As he wandered, Louis heard a strange sound coming from a tree. He approached it cautiously and realized the noise was coming from a little bird that had fallen from its nest. The tiny bird was frightened and seemed lost.

Filled with compassion, Louis approached the little bird and said, "Don't worry, I'll help you."

The little bird, named Leo, looked at Louis with suspicion. He had never met a rabbit before. However, he could see in Louis's eyes that he genuinely wanted to help.

Carefully, Louis helped Leo back into his nest. Leo's mother, who had been worried, finally arrived and warmly thanked Louis.

From that day on, Louis and Leo became great friends. They spent their days exploring the forest together. Louis showed Leo all the interesting places and delights of the forest, while Leo sang songs for Louis, bringing a joyful melody.

They discovered that despite their differences, they shared an extraordinary friendship. Louis learned a lot about birds, and Leo discovered the beauty of the forest through Louis's eyes.

The other animals in the forest were amazed to see a rabbit and a bird become friends, but their friendship was a lesson for all. It showed that friendship could arise in the most unexpected places and that differences were not a barrier to friendship but rather an opportunity to grow and learn.

Louis and Leo continued to explore the forest together, sharing their precious friendship and unforgettable adventures. Each day was a new adventure, and every note of Leo's song was a melody of happiness for Louis.

And so, their unexpected friendship became a legend in the small forest, reminding everyone that friendship could transcend differences and bring joy, discovery, and love into each other's lives.

Le Petit Écureuil Économe

Il était une fois dans une grande forêt, un petit écureuil nommé Émile. Émile était connu de tous les animaux de la forêt pour sa grande prudence et son habileté à économiser ses provisions.

Chaque jour, Émile se levait tôt, grimpait dans les arbres et collectait des noisettes, des glands et des baies. Il les stockait soigneusement dans son abri, veillant à ce qu'il y ait toujours suffisamment de nourriture pour l'hiver.

Tous les autres animaux de la forêt admiraient Émile pour sa sagesse en matière d'économies. Ils savaient qu'ils pouvaient compter sur lui en cas de besoin.

Un jour, une souris nommée Léa, qui était nouvelle dans la forêt, vint rendre visite à Émile. Elle était curieuse de voir son abri rempli de provisions.

"Bonjour, Émile," dit Léa. "J'ai entendu dire que tu es le plus économe de tous les animaux de la forêt. Puis-je voir ton abri de provisions ?"

Émile hocha la tête et l'invita à le suivre. Léa fut étonnée de voir autant de noisettes, d'acorns et de baies soigneusement empilées. Elle dit : "Wow, tu as amassé tellement de nourriture ! Tu es vraiment intelligent."

Émile sourit humblement et expliqua l'importance de l'économie pour survivre pendant les hivers rigoureux de la forêt.

Il dit à Léa qu'il partageait volontiers ses provisions avec les autres animaux lorsque c'était nécessaire.

Léa était impressionnée par la prudence d'Émile et voulut apprendre à économiser comme lui. Elle demanda à Émile de lui enseigner ses astuces.

Émile accepta volontiers de lui donner quelques leçons sur l'art de l'économie. Il montra à Léa comment choisir les meilleures noisettes et comment les stocker correctement. Il lui enseigna également à ne pas gaspiller et à être consciente de ses dépenses.

Léa apprit rapidement et bientôt elle aussi avait un abri bien approvisionné. Elle était fière d'avoir acquis une nouvelle compétence grâce à l'aide d'Émile.

Lorsque l'hiver arriva, la forêt fut recouverte de neige, et la nourriture se fit rare. Les animaux vinrent tous trouver Émile pour de l'aide. Émile partagea généreusement ses provisions avec ses amis affamés.

Il invita Léa à faire de même. Grâce à ses économies bien gérées, elle était capable d'aider les autres animaux de la forêt.

Tous les animaux remercièrent Émile pour sa sagesse et sa générosité. Ils comprirent que l'économie était une compétence précieuse, non seulement pour survivre, mais aussi pour aider les autres en temps de besoin.

La forêt était remplie de gratitude et d'amitié, et Émile et Léa devinrent les gardiens de l'économie de la forêt, partageant leurs connaissances et leurs provisions pour le bien de tous. La petite forêt était un endroit où la sagesse financière et l'amitié comptaient plus que n'importe quel trésor.

43

The Thrifty Little Squirrel

Once upon a time in a large forest, there was a little squirrel named Emile. Emile was known by all the forest animals for his great caution and his skill in saving his provisions.

Every day, Emile would wake up early, climb the trees, and gather hazelnuts, acorns, and berries. He stored them carefully in his shelter, ensuring there was always enough food for the winter.

All the other forest animals admired Emile for his wisdom in savings. They knew they could rely on him in times of need.

One day, a mouse named Lea, who was new to the forest, came to visit Emile. She was curious to see his shelter filled with provisions.

"Hello, Emile," Lea said. "I've heard you're the thriftiest of all the forest animals. May I see your provision shelter?"

Emile nodded and invited her to follow him. Lea was amazed to see so many hazelnuts, acorns, and berries neatly stacked. She said, "Wow, you've gathered so much food! You're truly smart."

Emile smiled humbly and explained the importance of savings for surviving the harsh winters in the forest. He told Lea that he gladly shared his provisions with other animals when needed.

Lea was impressed by Emile's prudence and wanted to learn how to save like him. She asked Emile to teach her his tricks.

Emile willingly agreed to give her some lessons in the art of thrift. He showed Lea how to pick the best hazelnuts and how to store them properly. He also taught her not to waste and to be mindful of her expenses.

Lea learned quickly, and soon she too had a well-stocked shelter. She was proud to have acquired a new skill thanks to Emile's help.

When winter arrived, the forest was covered in snow, and food became scarce. The animals all came to Emile for help. Emile generously shared his provisions with his hungry friends.

He also encouraged Lea to do the same. Thanks to her well-managed savings, she was able to help other forest animals.

All the animals thanked Emile for his wisdom and generosity. They understood that thriftiness was a valuable skill, not only for survival but also for helping others in times of need.

The forest was filled with gratitude and friendship, and Emile and Lea became the guardians of the forest's economy, sharing their knowledge and provisions for the good of all. The small forest was a place where financial wisdom and friendship mattered more than any treasure.

Le Petit Poisson Courageux

Il était une fois dans un étang paisible, un petit poisson nommé Léo. Léo était un poisson rouge très curieux et vif. Il aimait explorer les coins et recoins de l'étang, mais il rêvait de découvrir le monde au-delà de l'eau.

Un jour, Léo aperçut un papillon multicolore qui volait au-dessus de l'étang. Le papillon semblait tellement libre et heureux. Léo pensa : "Je veux connaître le monde en dehors de l'eau."

Il fit un plan. Léo se prépara, rassembla son courage et sauta hors de l'eau pour attraper le papillon. Il réussit à l'attraper, mais au moment où il toucha l'air, il réalisa que le monde à l'extérieur de l'eau était bien plus vaste qu'il ne l'avait imaginé.

Léo se débattit, essayant de retrouver l'étang, mais il était déjà loin. Il se retrouva dans un endroit inconnu, sec et hostile. Il était effrayé.

Heureusement, un gentil écureuil nommé Noisette passa par là. Noisette avait vu Léo sauter hors de l'eau et avait suivi sa chute. Il s'approcha doucement de Léo et lui dit : "Ne t'inquiète pas, petit poisson. Je vais t'aider."

Noisette prit une feuille et déposa Léo dessus. Il l'emmena jusqu'à une petite flaque d'eau à proximité. Léo était soulagé de retrouver de l'eau, même si c'était beaucoup plus petite que l'étang.

Léo remercia Noisette pour son aide et demanda comment il pourrait retourner chez lui. Noisette dit : "Je peux t'aider à trouver ton chemin, mais tu dois promettre d'être plus prudent à l'avenir."

Léo promit d'être plus sage, et Noisette lui indiqua comment retourner à son étang. Avec sa petite flaque d'eau comme point de départ, Léo reprit son voyage de retour.

Il rencontra d'autres animaux en chemin, comme des oiseaux et des grenouilles, qui l'aidèrent à trouver son chemin. Il réalisa que le monde à l'extérieur de l'eau était fascinant, mais il savait que son véritable chez-lui était dans l'étang.

Finalement, après de nombreuses aventures, Léo retourna à son étang. Il sauta joyeusement dans l'eau et remercia tous les amis qui l'avaient aidé à retrouver son chemin.

Depuis ce jour, Léo ne rêva plus de quitter l'eau. Il savait que son étang était le meilleur endroit pour lui. Il raconta ses aventures à ses amis poissons, qui l'admirèrent pour son courage et sa détermination.

Léo comprit que l'aventure était bien, mais qu'il n'y avait pas de place comme chez soi, dans son étang paisible.

The Brave Little Fish

Once upon a time in a peaceful pond, there was a little fish named Leo. Leo was a very curious and lively goldfish. He loved exploring every nook and cranny of the pond, but he dreamt of discovering the world beyond the water.

One day, Leo spotted a multicolored butterfly flying above the pond. The butterfly seemed so free and happy. Leo thought, "I want to know the world outside the water."

He made a plan. Leo prepared himself, gathered his courage, and leaped out of the water to catch the butterfly. He managed to catch it, but as he touched the air, he realized that the world outside the water was much vaster than he had imagined.

Leo struggled, trying to find his way back to the pond, but he was already far away. He found himself in an unfamiliar, dry, and inhospitable place. He was frightened.

Luckily, a kind squirrel named Hazelnut happened to pass by. Hazelnut had seen Leo leap out of the water and followed his fall. He approached Leo gently and said, "Don't worry, little fish. I'll help you."

Hazelnut took a leaf and placed Leo on it. He carried him to a nearby puddle of water. Leo was relieved to find water again, even if it was much smaller than the pond.

Leo thanked Hazelnut for his help and asked how he could find his way back home. Hazelnut said, "I can help you find your way, but you must promise to be more careful in the future."

Leo promised to be wiser, and Hazelnut showed him the way back to his pond. Starting from the small puddle, Leo began his journey back.

He encountered other animals along the way, such as birds and frogs, who helped him find his path. He realized that the world outside the water was fascinating, but he knew that his true home was in the pond.

Finally, after many adventures, Leo returned to his pond. He joyfully leaped back into the water and thanked all the friends who had helped him find his way.

From that day on, Leo no longer dreamed of leaving the water. He knew that his pond was the best place for him. He shared his adventures with his fish friends, who admired him for his courage and determination.

Leo understood that adventure was great, but there was no place like home, in his peaceful pond.

Le Petit Chaton et la Souris Aventurière

Il était une fois, dans un joli quartier, un petit chaton curieux appelé Minou. Minou vivait dans une maison confortable avec ses frères et sœurs. Il était le chaton le plus aventureux de la portée. Alors que les autres chatons préféraient rester à l'intérieur et jouer en toute sécurité, Minou rêvait d'explorer le monde extérieur.

Un matin ensoleillé, Minou regarda par la fenêtre et vit une souris qui se promenait dans le jardin. La souris avait l'air si libre et intrépide. Elle n'avait pas de maison douillette, mais elle semblait tellement heureuse.

Minou se dit : "Je veux voir le monde au-delà de la fenêtre. Je veux être aussi courageux que cette souris." Il décida de sauter par la fenêtre et de partir à l'aventure.

Il sauta habilement sur le rebord de la fenêtre et commença à explorer le jardin. Tout semblait nouveau et passionnant. Les fleurs parfumées, les papillons qui voletaient, et les oiseaux chantants éveillaient sa curiosité.

Alors qu'il se promenait, Minou entendit un bruit sourd venant du buisson. Il s'approcha avec précaution et découvrit un oiseau blessé. L'oiseau, nommé Chirpy, avait un aile cassée et ne pouvait pas voler.

Minou se pencha et demanda : "Est-ce que tu vas bien, Chirpy ?"
Chirpy, bien qu'effrayé, dit à Minou ce qui s'était passé.

Minou, rempli de compassion, décida de l'aider. Il chercha un
petit morceau de tissu et fit un bandage improvisé pour l'aile de
Chirpy. Il lui dit : "Ne t'inquiète pas, je vais prendre soin de toi.
Tu seras bientôt en sécurité."

Minou prit Chirpy avec précaution dans sa gueule et rentra à la
maison. Il créa un petit nid douillet pour Chirpy dans une boîte
en carton et apporta des graines et de l'eau pour le nourrir.

Chirpy était reconnaissant et se sentit en sécurité avec Minou. Il
raconta à Minou des histoires d'oiseaux et de leurs aventures dans
le ciel. Minou l'écouta attentivement et réalisa à quel point le
monde extérieur pouvait être merveilleux, mais aussi dangereux.

Les jours passèrent, et Chirpy se rétablit lentement. Minou et
lui devinrent de bons amis. Chirpy appréciait la compagnie
chaleureuse de Minou, tandis que Minou apprenait beaucoup de
choses sur le monde extérieur grâce à Chirpy.

Quand Chirpy fut suffisamment rétabli pour voler à nouveau, il
dit à Minou : "Je dois retourner dans le ciel, c'est ma vraie maison.
Merci de m'avoir aidé et d'être devenu mon ami."

Minou comprit que Chirpy devait suivre son propre chemin. Il
le regarda s'envoler dans le ciel et lui dit au revoir avec un sourire.

Minou rentra dans la maison et se blottit avec ses frères et sœurs.
Il était reconnaissant d'avoir découvert une nouvelle amitié et
d'avoir appris que l'aventure pouvait prendre de nombreuses
formes, même à l'intérieur de sa maison confortable. Il sut que la

vraie aventure était de partager son amour et sa gentillesse avec ceux qui en avaient besoin.

The Little Kitten and the Adventurous Mouse

Once upon a time, in a lovely neighborhood, there was a curious little kitten named Minou. Minou lived in a cozy house with his siblings. He was the most adventurous kitten of the litter. While the other kittens preferred to stay inside and play it safe, Minou dreamt of exploring the world beyond.

One sunny morning, Minou looked out the window and saw a mouse strolling in the garden. The mouse seemed so free and daring. She didn't have a cozy home, but she looked so happy.

Minou thought, "I want to see the world beyond the window. I want to be as brave as that mouse." He decided to leap out of the window and embark on an adventure.

He skillfully hopped onto the window sill and started to explore the garden. Everything seemed new and exciting. The fragrant flowers, fluttering butterflies, and singing birds piqued his curiosity.

As he roamed, Minou heard a muffled noise coming from a bush. He approached cautiously and found an injured bird. The bird, named Chirpy, had a broken wing and couldn't fly.

Minou leaned in and asked, "Are you okay, Chirpy?" Chirpy, though frightened, told Minou what had happened.

Filled with compassion, Minou decided to help. He searched for a small piece of fabric and improvised a bandage for Chirpy's wing. He said, "Don't worry, I'll take care of you. You'll be safe soon."

Minou gently carried Chirpy in his mouth and headed back to the house. He created a cozy nest for Chirpy in a cardboard box and brought seeds and water to feed him.

Chirpy was grateful and felt safe with Minou. He shared stories of birds and their adventures in the sky with Minou. Minou listened attentively and realized how wonderful the outside world could be, but also how dangerous.

Days passed, and Chirpy slowly recovered. Minou and he became great friends. Chirpy enjoyed Minou's warm company, and Minou learned a lot about the outside world through Chirpy.

When Chirpy was well enough to fly again, he said to Minou, "I have to return to the sky; that's my real home. Thank you for helping me and for becoming my friend."

Minou understood that Chirpy had to follow his own path. He watched Chirpy soar into the sky and said goodbye with a smile.

Minou went back into the house and cuddled with his siblings. He was grateful for the new friendship he had discovered and for the lesson that adventure could take many forms, even within his cozy home. He knew that the real adventure was sharing love and kindness with those in need.

Le Petit Éléphant et le Nuage de Pluie

Il était une fois, dans une vaste savane, un petit éléphant nommé Éli. Éli était un éléphanteau curieux et enthousiaste, avec de grandes oreilles et une mémoire prodigieuse. Il vivait avec sa famille dans un coin tranquille de la savane, où il faisait chaud et sec la plupart du temps.

Un jour d'été, alors que le soleil brillait haut dans le ciel, Éli regarda le ciel sans nuage. Il se demanda ce que c'était que la pluie. Personne dans sa famille n'en avait jamais parlé, car il n'avait jamais plu dans la savane depuis qu'Éli était né.

Éli décida de partir à la recherche de réponses. Il quitta sa famille et se mit en route, ses grandes oreilles agitées d'excitation. Il marcha loin de la savane, traversa des plaines arides et grimpa sur de petites collines, cherchant des signes de pluie.

Finalement, il arriva au sommet d'une colline et vit quelque chose d'incroyable. Devant lui, dans le ciel, se trouvait un nuage épais et sombre. Il était plein de gouttes d'eau qui tombaient doucement sur la terre, arrosant les plantes et laissant des flaques d'eau.

Éli regarda le spectacle avec émerveillement. Il était si heureux d'avoir trouvé la pluie, il sauta de joie. Il se précipita pour sentir les gouttes d'eau tomber sur sa peau. La pluie était rafraîchissante et douce.

Cependant, Éli réalisa qu'il était loin de chez lui. La nuit tomba, et il se retrouva seul dans la nature. Il se mit à pleuvoir davantage, et Éli se sentit perdu et effrayé. Il avait froid et faim.

Soudain, il entendit un bruit doux. C'était une famille de girafes qui s'approchait. Les girafes l'invitèrent à se réfugier sous leur long cou pour rester au sec. Elles partagèrent avec lui des feuilles tendres et de l'eau de pluie, tout en lui racontant des histoires sur la savane.

Éli se sentit reconnaissant envers les gentilles girafes. Il réalisa que la pluie, bien que merveilleuse, pouvait être imprévisible et qu'il était important d'être préparé. Les girafes lui montrèrent comment se protéger de la pluie en trouvant un abri ou en restant près d'autres animaux.

Le lendemain, la pluie s'arrêta, et les girafes aidèrent Éli à trouver son chemin de retour vers sa famille. Il les remercia chaleureusement pour leur aide et retourna avec eux à sa savane ensoleillée.

Éli raconta à sa famille ses aventures sous la pluie et les leçons qu'il avait apprises des girafes. Il leur dit que la pluie était merveilleuse, mais il était reconnaissant d'avoir un chez-soi où il pouvait se sentir en sécurité.

Depuis ce jour, Éli ne craignit plus la pluie, car il savait comment s'y préparer. Il appréciait la beauté de sa savane ensoleillée tout en sachant que la pluie était un cadeau spécial de la nature.

The Little Elephant and the Rain Cloud

Once upon a time, in a vast savanna, there was a curious and enthusiastic little elephant named Eli. Eli was a young elephant with big ears and an amazing memory. He lived with his family in a quiet corner of the savanna, where it was hot and dry most of the time.

One summer day, with the sun shining high in the sky, Eli looked up at the cloudless sky. He wondered what rain was. No one in his family had ever talked about it because it hadn't rained in the savanna since Eli was born.

Eli decided to go in search of answers. He left his family and set out, his big ears flapping with excitement. He walked away from the savanna, crossed arid plains, and climbed small hills, looking for signs of rain.

Finally, he reached the top of a hill and saw something incredible. In front of him, in the sky, was a thick, dark cloud. It was filled with drops of water gently falling to the ground, watering the plants and creating puddles of water.

Eli watched the spectacle in wonder. He was so happy to have found rain that he jumped for joy. He rushed to feel the raindrops on his skin. The rain was refreshing and gentle.

However, Eli realized he was far from home. Night fell, and he found himself alone in the wilderness. It continued to rain, and Eli felt lost and scared. He was cold and hungry.

Suddenly, he heard a soft sound. It was a family of giraffes approaching. The giraffes invited him to take shelter under their long necks to stay dry. They shared tender leaves and rainwater with him while telling him stories about the savanna.

Eli felt grateful to the kind giraffes. He realized that while rain was wonderful, it could be unpredictable, and it was important to be prepared. The giraffes showed him how to protect himself from the rain by finding shelter or staying close to other animals.

The next day, the rain stopped, and the giraffes helped Eli find his way back to his family. He thanked them warmly for their help and returned with them to his sunny savanna.

Eli told his family about his adventures in the rain and the lessons he had learned from the giraffes. He said that rain was a wonderful gift from nature, but he was grateful to have a home where he could feel safe.

Since that day, Eli was no longer afraid of the rain because he knew how to prepare for it. He appreciated the beauty of his sunny savanna while knowing that rain was a special gift from nature.

www.ingramcontent.com/pod-product-compliance
Lightning Source LLC
Chambersburg PA
CBHW070313160726
47999CB00003B/1004